오늘의문학 시인선 437

옹기대장(甕器大匠)

장춘득 시조집

오늘의문학사

국립중앙도서관 출판예정도서목록(CIP)

옹기대장 : 장춘득 시조집 / 지은이: 장춘득. -- 대전 : 오늘의문학사, 2018
　　p. ;　cm. -- (오늘의문학시인선 ; 437)

한자표제: 甕器大匠
대전문화재단과 대전광역시에서 사업비 일부를 지원받았음
ISBN 978-89-5669-974-5 03810 : ￦9000

한국 현대 시조[韓國現代時調]

811.36-KDC6
895.715-DDC23　　　　　　CIP2018042616

옹기대장(甕器大匠)

■ 서문

　가톨릭(천주교) 박해를 피해 우리 선조들은 몇 대를 이어 옹기촌에서 살았습니다. 가마에서 구워 나온 옹기를 일군들과 함께 지게로 져 나르거나, 수레에 실어 대처에 나가 팔았습니다. 때로는 바닷길을 이용해 인천과 서울에 옹기를 팔았습니다. 모든 작업이 고단하셨겠지만 신앙을 지킬 수 있었고, 생활은 안정되었습니다.

　아버지께서는 맏아들인 나만큼은 옹기장이로 만들지 않겠다는 뜻이 완강하셨습니다. 그래서 신문사 특파원이라는 이름으로 우리나라 구석구석을 주유하였습니다. 시조를 통하여 문단에도 기웃거렸습니다. 자유롭게 세상을 살았습니다.

　그러면서도 가업에 대한 향수가 문득 일었습니다. 그때 지은 시조가 「옹기(甕器) 대장(大匠)」이었습니다. 조부님은 종손인 나로 하여금 가업을 이어줄 것을 종용하셨습니다. 말씀을 따랐다면, 어쩌면 나도 대를 이어 흙에 생명을 불어넣으며 옹기촌에서 살았을 수도 있었으리라는 생각이 들었습니다.

옹기공장과 기와공장을 가업으로 운영하시던 할아버지도 소천하시고, 아버님과 어머님도 하늘로 가시고, 이제 나도 그 분들 곁으로 떠날 날이 얼마 남지 않았습니다. 그런 느낌으로 옹기촌의 정경을 떠올려 봅니다.

2018년 12월 장 춘 득

● ● ● **차례** ‖

■ 서문 — 4

1부 계룡산 주점에서

공간의 여운에서 ——— 13
골고다로 가는 길 ——— 14
건널 수 없는 江 ——— 15
강릉 경포대(江陵 鏡浦台) ——— 16
계룡산 주점에서 ——— 17
간이역 ——— 18
김매는 아낙네 ——— 20
공허(空虛) ——— 21
금환식(金環蝕) ——— 22
나그네 구름 ——— 23
나그네(1) ——— 24
눈 내리는 산장에서 ——— 26
동시조 ——— 27
동행(同行) ——— 28
동행(同行) 2 ——— 29
만남 ——— 30
문민정부 ——— 31
망부석 ——— 32
木乃伊 엿장수 ——— 33
觀照 ——— 34

2부 산사(山寺)의 밤

나그네 길 ——— 38
봄 내음 ——— 39
백마고지 ——— 40
밤의 화음(和音) ——— 41
변절 ——— 42
산사(山寺)의 밤 ——— 43
시골뜨기 일기 ——— 44
어느 겨울 밤 ——— 46
유년의 언덕 ——— 47
위선자 ——— 48
어머니 ——— 50
역마길에서 ——— 51
업보(業報) ——— 52
종착(終着) ——— 53
자살공화국 ——— 54
정해년(丁亥年) ——— 56
재회 ——— 58
山寺의 메아리 ——— 59
歲暮의 능선에서 ——— 60
詩友 沃泉을 추모하며 ——— 61
버寺를 찾아서 ——— 62

3부 하나만 아는 바보

가을 들녘 —— 64
단오절 —— 65
뜬 구름 따라서 —— 66
메밀 —— 67
머나먼 길 —— 68
옹기대장(甕器大匠) —— 70
송촌에 저문 황혼 —— 72
옛 성터 —— 73
이상기류 —— 74
예술의 승화 —— 75
진달래 —— 76
제16대 국회의원 선거 —— 77
첫 여름 —— 78
탈 —— 79
하나만 아는 바보 —— 80
호랑나비 —— 81
할머니의 자장가 —— 82
하아얀 밤 —— 83
祖國의 山河 —— 84
靑木 이상덕 —— 85
同床異夢 —— 86

4부 평행선의 길벗

가을(風景)	88
구원의 등불	89
나그네	90
달	91
대나무	92
뜬구름	93
말복날	94
빈 가슴	95
보고 싶었다	96
빈자리	98
부채	99
손	100
새 千年 韓國	101
영낭 속의 낙서장	102
유성온천의 밤	103
아쉬움이 남은 꿈	104
인생선	106
잊혀진 얼굴	107
평행선의 길벗	108
甲午年 年頭詩	109
上林에서	110
條件 結婚	111

檀君陵	112
詩가 머문 국수집	113
旅程에 핀 因緣	114
義岩에 핀 꽃	115
水蓮花	116
재회(2)	117
고향의 그림자	118
‖장춘득의 강의 노트‖	121

1부

계룡산 주점에서

공간의 여운에서

여운을 타고 가는
허전한 빈자리

목마름의 고독은
幻影을 붙들고

가슴에
새기는 그리움
이슬방울로 떨어진다

  * 1997. 08. 02 이슬비 내리는 오후 벗을 전송하며

* 시작 노트
석별의 창가에는 이슬비가 내린다. 잉태한 가시 밭 길, 흘러가는 공간에서 되돌아 가기에는 너무 멀리 온길, 또 하나의 업보는 수채화로 채색된다.

골고다로 가는 길

십사처 선로선공(善路善功)
속세(俗世)에 너울입어

칠성사 천주성총(天主聖寵)
칠죄종에 가렸어라

고해방(告解房)
성찰(省察)
통회(痛悔)
정개(定改)
내 탓이오 의미는…

* 시작 노트
　왼손이 하는 것 오른 손이 모르게 하라는 미덕의 선행! 교회 안에서는 자매님 형제님 친절이 넘쳐나고 교회 문 벗어나면 사회에 얼은 고사리 손에 동전 한푼 적선은 모르쇠! 어느 고아원 양로원에 라면 몇 박스 쌓아놓고 사진 찍는데는 앞자리 비집는 허세들이 음달의 보이지 않는 굶주림에는 외면한다. 또한 사제라는 탈을 쓰고 정치에 영합하여 시위대만 골라 다니며 국가와 사회를 혼란 속으로 빠뜨리는 유다가 난무하는 오늘의 현실.

건널 수 없는 江

江 폭이 너무 넓어
건널 수가 없었다

물안개로 어우러져
虛空에 뿌린 사랑

투명 벽
쌍곡선 레일 위에
비가 되어 내린다

* 1998. 01. 26

강릉 경포대(江陵 鏡浦臺)

물 찾아 山 찾아 세월 낚는 詩人아!
三千甲子 東方朔도 가는 해 못 잡았고
李太白 詩聖 호걸도 지는 달은 못 잡았네.

李白은 洞庭湖에 달을 안고 놀았는데
鏡浦臺 四鏡月을 外面하고 가려는가
湖水에 배 띄워 놓고 詩興에 취해보면…

하늘에 걸린 달 바다에 춤추는 달
하아얀 젖무덤 풀고 손짓하는 湖水에 뜬 달
입술로 불태우는 사랑인가 술잔 속에 애타는 달.

     * 1971년 08월 동해안 民俗取材 길에서 '자유신보'

계룡산 주점에서

계곡 물 소글소글
담장 밑을 지나가고

달빛도 술에 취해 능선에 잠드는가

마지막
비운 석별의 잔
즐거웠습니다 아듀―.

주발주 기울이며
불 지핀 정이런가

얼어붙은 빗장 열어
화두에 던진 사유

동공에
각인된 얼굴
꿈에서도 그릴걸세

* 2001. 09. 03 목로주점에서

간이역

누덕진 흔적에는
철새들의 쉼터였다

저자거리 약속은
깨기 위해 존재하고

인연은 집창촌의 약속
거쳐 가는 풋사랑

* 2007. 9. 19 흩어지는 인연들을 보면서

* 시작 노트

이따금 다실에 차 한 잔하며 담론이 꽃피다 보면 국가의 지도자는 출생과 성장이 중요하다고 한다. 문민정부 참여정부 여권신장 창녀생산 정치의 업적은 이혼률 세계 1위 창녀국 세계 1위 국가로 즐기는 문화 해외뉴스의 칭찬기사! 하루가 다르게 중년에서 황혼에 이르기까지 도장 들고 법원에 도장 찍으러 다닌다는 소식이다.

둘이니 공평하게 하나씩 갈라서는 것이다. 이젠 호적도 개별적으로 분리한다고 하지 않던가! 도장을 찍건 이혼을 하건 둘이니 좌청용 우백호 새 님을 찾아간다. 또 여성이 10번을 이혼해도 전적을 기록하지 않아 과거가 누설되지 않는다고 한다. 참 편리한 세상이다. 신혼집도 6,70평짜리 큰집에 누워 천정 보며 만족하지만 시작이 소멸하니 집은 소송에 애물단지다. 가락지는 돌고 돌아도 끝이 없어 끝남이 없는 결혼의 의미라고 배웠는데 옛 성현의 착각이었다.

역설적으로 생각하니 결혼은 시작이고 원은 시작도 끝도 없다. 즉 시작과 끝은 소멸하는 것이니 오늘도 내일도 시작이고 끝이다. 오늘 시작했으니 내일은 소멸이고 다시 시작이 아닌가! 그러니 신랑신부는 소멸되는 시작에서 시작으로 반복되는 소멸의 사랑! 시간 결혼, 일수 결혼, 집창촌 여성들이 선각자가 아니던가!

김매는 아낙네

달구벌 사래긴 밭
김매는 아낙 농요(農謠)

향(香)내음 바람에 실어
쉼터에 전해주며

연꽃은
물 위에 앉아
같이 놀자 손짓하네

저녁 새참 둘러앉은
시원한 막걸리 잔

풋풋한 정(情)담아서
잔 비우는 아낙네

찌들은
시집살이 한(恨)
사설가(辭說歌)로 노을진다.

공허(空虛)

시어가 어떠하고
은유가 어떠하고

삼장육구 짜 맞추는
음보조각 미사여구

흑발의
푸르던 꿈은
백설에 지는 허무더라

금환식(金環蝕)

오월 햇볕 오만한 횡포
말라 죽는 녹수청산

기후의 변화라고
태양의 궤도 이탈

배신에
분노한 낮달
태양을 삼켜버렸다

* 2006. 06. 03 5.31 국회의원 선거를 보면서

나그네 구름

빈 하늘 지친 행장
누굴 찾아
가고 또 간다

만났다가 헤어지고
다시 또 만나고

솜 같이
포근한 손잡고
정처 없이 흘러간다

나그네(1)

이정표 없는 十字路
風雲에 실린 세월

燭淚 멈춘 빈 술잔
달그림자 문살 세고

목로집
나그네 인연
이슬 담는 고동 소리

* 1975. 01. 23 港都 釜山에서

* 시작 노트

목적 없는 여행에도 아름다운 추억은 있었나보다. 나그네 두둑한 주머니는 지폐 대신 원고지에 담배 꽁초만 먼지로 흩어지고 동료들이 갚아 주는 외상 밥값 九九단 이 숫자를 대신했다. 영원히 헤어질 수 없는 술좌석은 없다고 하였던가!

거쳐 가는 나그네 길에 기억에 새긴 벗이 있어 먼길을 전송 나온 석별의 술잔은 달빛을 벗 삼았고 귓전을 스치는 출항의 고동소리가 못 다한 이야기에 눈물을 담고 있었다.

인권옹호 양부장님, kbs 김아나, mbc 이아나, 중앙 정기자, 검 경 벗들의 따뜻한 우정 기억에 간직하면서 그리움으로 머물러야 할 또 하나의 그림자 하나.

눈 내리는 산장에서

억겁의 전설 담아
줄기 내린 계룡산
자락으로 품어 안은 산장의 밤은 깊고
첫 눈 길
자북자북 걷는
우산 속의 두 그림자

나목의 시신들은
벽난로에 열반하고
겉옷 벗은 하얀 목덜미 긴-머리 여인의 체취
욕계(欲界)의
해탈하지 못한
붉은 포도주의 유혹인가

* 2005. 12. 04 함박눈이 내리던 밤

동시조

반만년 오랜 역사
무궁화 꽃 금수강산

어린이 겨레시
세계 으뜸 우리 글

동시조
어린이 놀이터
뛰어노는 꽃동산

동행(同行)

하늘과 땅 빛과 어둠
쌍둥이로 태어나

미지의 길을 열며 무한으로 가고 있다

실패한
신의 창조는
골고다의 실락원

    * 2007. 10. 07 굿판에 희망을 거는 막막한 민생들

동행(同行) 2

　　　　　　참새
　　　　　멧새
　　　　원앙
　　　제비
검수리
　기러기
　　　무리들
　　　　꿈을 찾아
　　　　　창공을 간다

참새는 방앗간을 찾고
　멧새는 덤불을 간다

원앙은 蓮堂에 제비는 江南을 가고
검수리 동행하던 길 잃은 기러기
옛 들녘
찾은 因緣 따라
달빛 아래 날고 있다

　　　　　　　* 2007.11.29. 歲月의 潮流에서

만남

버리고 간 빈자리
외톨이 旅行이다

到着地 낯선 驛에 반겨주는 전화 음성

뜬구름
인생살이 길
가는 곳이 故鄕인 듯

한주판 벌린 情談
주고 받는 막걸리잔

初面 얼굴 詩 한 首로 빈 가슴 채우는가

幻影에
그려본 얼굴
술잔에 젖어있네

* 2007.11.26 旅程에서

문민정부

어부지리 찾은 광복
허리 자른 철조망

적화통일 멸공통일
총부리 마주대고

오늘도
슬픈 민족은
붉은 음모에 통곡 한다

* 시작 노트

  국정원과 검찰이 대규모 간첩단을 구속 "민주노동당 사무부총장, 민주당 보좌관, 연루 환경단체 간부도 포섭대상"이었다고 발표하고 "청와대는 29일 386운동권 출신 청와대 인사의 간첩단 사건 연루 주장은 터무니없는 정치공세"라고 일축했다고 한다. 좌경 강정구 구속 건에 검찰총장 목이 날아간 것을 기억하면서….

망부석

능선에 걸린 석양
섬진강에 불타고

불혹령 고개마루
포구에 젖은 술잔

그리움
얼음벽 되어
가슴 닫힌 쇠빗장

* 2004. 봄. 경남 하동에서

木乃伊* 엿장수

댓고바리 제멋대로
허수아비 엿장수

허풍 강정 눈깔사탕 호박엿 들러붙고

혀끝에
감칠맛 찾다
이빨 뿌리 다 썩는다

목내이 엿장수
댓고바리 눈치 보기

사탕 바른 부푼 강정 쓰레기로 열린 난장

가위 쥔
지친 아우성
울혈로 토하는가

* 2003.07.03

* 木乃伊 : 나무로 만든 꼭두각시

觀照

수양버들 연못가에
花柳亭 풍악소리

원앙새 사랑놀이
어화둥둥 방아 찧고

菊花酒
주안상 머리
변강쇠 양반님들

* 2005. 미식가들 뇌물상 받아먹고

* 시작 노트

　연못에는 잉어가 한가로이 遊泳하고 휘휘 늘어진 수양버들 아래 亭子에는 爲政者들 話答弄이 익어간다.

　人間私語라도 天聽若雷하고 暗室欺心이라도 神目如電이라 하였던가! 婚因式에는 志操군은 기러기를 품에 안겨주고 寢房에는 원앙금침 수를 놓듯 암수가 만나면 지조없이 붙는 원앙새 사랑놀이!

　妓女들의 妖艷한 유혹에 입이 火根이고 "白酒는 紅顔面이요 黃金은 黑人心이라! 房子놈의 마음이 焰硝庭 굴뚝이요 虎頭閣 大廳이라." 춘향전의 일절이다. 동지섣달 푹 익어 숙성된 그윽한 菊花香에 취해 妖婦의 품에 썩어 가는 양반님들의 얕은 智慧가 굴비 엮이듯 줄줄이 엮여 공밥을 먹으러 간다.

2부

산사(山寺)의 밤

나그네 길

선비네 흰 옷자락
墨香에 젖은 내음

붓 끝에 피어나는 四君子 詩에 담아

낯선 窓
달빛에 기대
읊어보는 詩 한 수

동강난 筆棒자루
유랑길 청춘 갔네

백발진 황혼녘에 녹슨 꿈 눈물 한 줌

억새풀
백양나무 숲
山水畵에 어린다

*1980 가을 여행길에서

봄 내음

흙 내음 살포시
잔설 녹은 과원 밭

냉이랑 가시씀배
흙에 젖은
보얀손

해 설풋
꽃구름 노을
창가에 익는
수줍은 정

* 2004.03.05 죽동 果園에서

백마고지

잘려진 가는 허리
철책에 묶여 있고
포탄에 짓 이겨진 이끼 입은 전쟁 잔해
육신은
파편이 되어
능선 위에 뿌려졌네

"우리는 내 조국을 위하여 산화한다."
단군의 후손들이 절규하는 울부짖음
백마야 너는 알리라 그날의 참상을

밤과 낮 주인 바뀐
역사의 격전장에
북녘을 감시하는 초병의 총뿌리들
오늘도
백마고지에
하루 해가 저문다.

* 1975.08.17 철책을 돌아보며

밤의 화음(和音)

윙-솨- 산 숲을
슬고가는 밤바람 소리

텔레비전 기상통보
충청도는 비가 온다는데

여명을
부르는 하현달이
서쪽 하늘에 걸려 있다

우르릉 퉁탕 서생원들
천정에서 마라톤 경기

침대 옆 책더미 속
찍 찌익 서생원들 교성

꼬끼오
장닭의 목쉰 울음
새벽을 깨운다

* 2004.07 孤屋 초막에서

변절

오월 햇볕 이겨내던
안보의 곧은 절개

세류의 유혹에는
비켜가지 못했는가

붉은 꽃
한민족 단맛
지조마저 버렸다

어제의 푸른 바다
오늘의 꽃밭 되고

고결한 청죽기개
濁流에 오염되어

선비의
흰 옷자락도
저자거리 잡놈 됐네

* 2010.06.03 지자체 투표를 보며

산사(山寺)의 밤

어둠 깊은 山寺의 밤
조각달 얼굴 묻고

아린 情 해탈 삼장
塔돌이로 닦는 佛心

俗世의
누덕진 홍진
벗을 날은 언제려나.

시골뜨기 일기

정겨운 몸짓 유혹
높은 굽과 긴 드레스

리듬을 쫓고 있는
반짝이는 하얀 다리

밀착된
가슴 사이로
스며드는 밀어들

난무하는 섬광으로
위장된 블랙 타임

에로틱한 멜로디의
압박하는 아무르 틴

달콤한
언어의 유희
요정(妖精)들의 늪이어라.

　　　　　* 1974.11.16 역마에 올랐던 길 제천에서

* 아무르틴-화류계성
혈액의 성형은 아무르겐과 아무르틴 크게 2종류로 분류한다.

어느 겨울 밤

길 가다 찾아들은 겨울 밤 어느 까페
눈빛을 마주하던 테블위 위티 그라스
장미꽃 그윽한 내음 모닥불을 지폈네.

얼어붙은 심장은 물이 되어 흐르고
얼음으로 변질된 심장의 사연들이
함몰된 역사의 저편 한(恨)으로 남았는데.

싼타의 자선 냄비 함박눈이 내리네
사랑 반 불안 반 가슴에는 방망이질
명동의 인간 시장을 방향없이 걷는다.

"저기가 제가 투숙한 호텔이예요."
사랑이 가압류된 요정(妖精)의 골짜기에
가슴에 묻힌 체온 안고 술 취기가 오른다.

* 1973.12.17 서울 명동에서

유년의 언덕

유년 묻은 가랫여울
노적바우 조약돌 강변

형제바우 물소리
여름 밤 연주하고

미리내
조각배 띄워
아기별들 숨박꼭질

두고 온 세월에서
심어놓던 별자리

저 별은 네 별이구
또 하나는 나의 별

찬 이슬
여명을 열던
마당바우 하얀 꿈

* 2004.04.19 남한강 용탄리 가랫여울에서

위선자

청백리 군자 표상(君子表象)
송죽이라 일컫던가

황금만는 세상에는
허상된 속물일세

구동지(拘同知)
공명첩 설화(空名帖 說話)
조선 말기 쓴 웃음

절개 굳은 대나무
속 빈 껍데기고

청청한 소나무도
뒤틀리고 굽었어라

양반님
억(億)! 하는 떡값
민초들의 경악소리

〈蛇足〉
조선 말기 설화로 부자 과부가 "석지"라고 이름을 지어 애견(愛犬)을을 길렀는데 관아에 근무하는 어느 협잡꾼이 "석지"가 과부의 아들 이름인 줄 알고 〈공명첩〉을 발급한 후 금품을 요구했다. 돈을 준 과부는 〈비록 개이기는 하지만 벼슬을 했으니 소홀히 할 수 있겠느냐?〉고 탄식하며 "갓과 탕건, 관자"를 만들어 머리에 씌워놓으니 세상 사람들은 벼슬한 개를 "구동지(拘同知)라 불렀다 한다. 〈문헌〉大韓季年史

어머니

천륜에 이어진 끈
살 속으로 품어 안고

눈보라 모진 폭풍
살신으로 막아낸 삶

유년의
자락 건너서
불러보는 어머니!

상기둥 나무그루
엇가지
쳐낸 자리

멍든 아픔 안쓰러워
눈물 적신 당신의 사랑

육십령
능선에 서서
되새기는 사모곡

* 2003. 02. 13

역마길에서

경포대 백사장 길
추억이 영글던 밤

달을 불러 잔에 담아
주고 받던 소주잔

나그네
마음 흔들어
발목 잡은 그 친구

이제는 추억의
한 첩에 고히 접어

망각의 한 모서리
기억으로 묻으련다

미래를
잉태한 꿈은
슬픔의 고향이었다고.

* 2011.05.18

업보(業報)

폭풍에 날린 꽃잎
三生緣의 업보런가

彼岸의 江둑에서
무지개로 다리 놓아

뜬구름
옷소매 잡고
蓮꽃으로 피는가

* 2001.09.19

종착(終着)
– 지광현 시인 추모시

江山에 情을 묻고
골골이 스민 흔적

流浪 길 里程標도
衰한 기억 가물가물

끝물에
지는 보름달도
홀로왔다 홀로간다

* 지광현 사백님 영전에

* 벌써 여명을 가고 있는 하얀 밤의 터널! 오늘은 문단생활 40년의 文伯님을 보내야 하는… 청죽같이 곧은 길 걷겠다고 하시던 사백님, 이제 전송하고 홀로 남았나 싶소. 사백님, 뒤돌아보는 발걸음 어찌 떨어지리까! 삼가 명복을 빕니다.

자살공화국

하늘을 봐도 땅을 봐도
절규하는 메아리

"잘 살아보세" 경제부국
핵폭탄 자금되고

실업자
굶주린 노예들
천국으로 이민간다

* 2006.10.29
* "잘 살아보세" : 박정희정부〈경제개발기획 새마을운동〉

* 시작 노트

5,16, 혁명 공약은 "기아선상에 허덕이는 국민을 구출하고"였다. 새마을운동 경제개발 5개년기획은 세계의 꼴지 빈국 거지의 나라를 "아시아의 용" "한강의 기적" 경제부국으로 이뤄 놓았으나 문민정부 햇볕정책의 여론몰이 방종문화는 총성없는 보복정치로 기업은 도산되고 북한 퍼주기는 김정일 집단 핵폭탄 자금 으로 선군정치 구축하고 국민은 피 빨아 북한에 돈 대주는 인질 노예로 둔갑하였다.

남한은 실업자 천국으로 경제파탄에 국민은 빗더미에서 가정파괴와 이혼 자살, 주부들은 생을 유지하기 위하여 유흥장에 몸을 파는 섹스문화의 온상이 되어 섹스도 근로노동으로 인정하라는 시위까지 일고 세계 곳곳에 한국민의 매춘집단 뉴스가 교민들을 치욕스럽게 하고 있다.

살기 위한 몸부림은 경제파탄에서 희망을 잃었고…. "잘 살아보려고 노력했는데" 라는 유서를 남기고 가장이 아내와 아들 딸 가족을 살해하고 자신도 자살했다는 뉴스다. 하루에도 몇 건씩 스스로 목숨을 끊어야 하는 현실의 경제파탄은 자살사망자 세계1위라는 명예! 먹거리 덜 들어가니 노무현 정부는 반가운 소식일런지!

정해년(丁亥年)

이년 저년 칠팔년
거지국에 매춘국

丁亥年의 버선발
문지방 넘었는데

첫날 밤
황금돼지 꿈
어둡기만 하여라.

* 2006.01.01 이재정 통일부장관 궤변을 보며

* 시작 노트

이재정 통일부 장관이 "북의 빈곤에 대해 같은 민족으로서 책임을 감수해야 한다"고 밝히고 나섬에 따라 한나라당의 반박도 뜨겁게 일고 있다.

이 장관은 1일 신년인사를 통해 "빈곤이 있는 한 평화와 안보도 이뤄질 수 없다"고 전제한 뒤 "북의 빈곤문제를 기본적으로 해결하지 못하는 한 한반도의 안보는 언제나 위험스러울 것이며 평화도 보장할 수 없을 것"이라고 강조했다.

이어 이 장관은 "우리는 북의 빈곤에 대해 3000억불 수출국으로서, 세계경제 10위권의 국가로서 또 같은 민족으로서 책임을 감수해야 한다"고 언급해 향후 인도적 차원에서의 대북지원 등 기존의 포용정책을 이어가겠다는 의지를 피력했다.

이런 김정일 좌경수구가 정부 각료에 있는데 황금돼지의 꿈은 길몽인지 흉몽일지…. 이재정 좌경수구는 동족을 피바다로 물들인 6,25,전쟁의 원흉이 누구인지부터 배워야 이 나라의 자유민주주의 평화통일이 이룩될 것이다.

재회

우려내는 茶盞에
조각 구름 떠오르고

粉내음
살며시
고개 숙인 그 모습

누덕진
편린의 회한
이슬 되어 떨어진다

* 2001.05.22 果園에서

山寺의 메아리

뗑~ 떼우웅~, 해질녘
東鶴寺에 鐘이 울린다

어둠 짙는 五月의 숲
鷄龍山에 메아리지고

잡은 손
꼬옥 쥐면서
침묵하는 당신의 기도

　　　　* 2008.05.17 東鶴寺 入口.커피숍 백경에서

* 시작 노트
　休日의 관광객들이 떼 지어 웅성대던 하루도 해질녘, 山 그늘 따라 靜寂이 드리운다. 멀리서 찾아온 벗과 五月의 태양 아래 녹음을 찾아 東鶴寺 숲길에 발자욱을 묻고 왔다. 하루를 마감하는 山寺의 종소리는 溪谷에 메아리 되어 가슴으로 스며들고 잡은 손 꼬오옥 쥐면서 멈춘 對話는 가슴 속에 합장하는 침묵의 기도…. 계곡의 水晶처럼 맑고 빛깔 없이 透明한 情, 가슴 속에 묻어 나눠질 수 없는 영혼의 벗!

歲暮의 능선에서

달빛 담던 河東포구
추억담아 묻어둔 곳

미나리 산채나물
된장찌개 보글보글

장작불
지피던 그 모습
다시 볼 수 없었다

싸늘한 歲暮의 밤
얼어가는 낙엽 하나

달등(月燈)불러 내다 걸고
눈물 짓는 너의 별

행여나
만날 수 있을까
마당 끝에 서성인다

* 2001.12.31 歲暮의 능선에서

詩友 沃泉을 추모하며

嗚呼라!
미래를 잉태한 未知의 無恨
만나자던 "낼 모래"는 天上의 약속인가
수화기 해맑던 목소리 귓전에서 맴돈다오

한 생애
빚어낸 주옥같은 詩語들
마지막 열은 "국경의 바람소리"
겨레의 魂으로 남아 千秋에 빛나리니…

* 2006.12.08

* 沃泉옥천 : 이은방(전 한국시조시인협회 회장) 雅號

甲寺를 찾아서

붉게 타던 단풍잎
움추려 떨고 있고

매질하는 겨울바람에
울고 있는 풍경 소리

甲寺 뜰
千年의 고찰
황혼이 깊어 간다

3부

하나만 아는 바보

가을 들녘

가을밤 기러기 울음
찬 서리 뒤따르고

김장 밭 배추포기
속 차는 알꼬갱이

벼포기
깔린 잡는 손
농부님들 시린 한숨.

단오절

단오절 그네 뛰는
나풀나풀 갑사댕기

삼희장 다홍치마
그네 줄 허공 위에

하이얀
속치마 펼쳐
한 송이 꽃이어라.

* 강릉 단오제 에서

뜬 구름 따라서

바람에 길을 묻고
뜬 구름 따라가다

영마루 걸터 앉아
긴 한숨 내뿜는다

세파에
목마른 갈증
옹달샘에 적시면서

늦가을 소슬바람
찬 서리 마중하고

꿈 많던 고운 청춘
덧없이 흘러갔네

나 싫다
가는 세월을
난들 어이 잡겠는가.

메밀

이모도 고모 같고
고모도 이모 같다

이놈이 저놈이고
저놈도 이놈이니

낟 메밀
세 모서리가
눈깔을 희롱한다.

* 2009.11 세종 시 원안 수정 싸움질을 보며

머나먼 길

바람에 길을 묻고
구름 따라 나그네 길

내일도 오늘이고
어제도 오늘이듯

지구의
수레바퀴에
돌고 돌며 실려 간다

아름다운 미래를
잉태한 오늘은

슬픈 과거를 낳고
규범이란 굴레에서

평행선
긋고 가는 길
황혼이 깊어 간다

* 2013.02.13

옹기대장(甕器大匠)

깊은 그늘 움집공장 물레 위에 질타래 얹고
옛 조상 슬기 모아 쌓아올리는 도공의 넋
통통통 수래질 소리 땀에 젖는 베적삼

새벽 닭 첫 울음에
수제비국 새벽참

도깨비불 바쁜 일손
인기척에 사라지고

거내꾼 깨끼질 소리
아침해가 떠오른다.

* 2000.07.05. 1960년대 충주 가릿여울

註
*질타래 : 질(흙)을 떡가래처럼 길게 늘여 놓은 것.

*수래질 : 옹기 안쪽으로 빗살 무늬나 동그란 무늬를 한 도개를 대고 "노"처럼 납작하게 만든 수래 (방망이)로 두드려 가며 옹기를 만든다.

*도깨비불 : 50년대 중반까지도 시골 옹기공장에는 도깨비가 놀았다. 특히 궂은 날 밤에는 빈 공장에서 곰배로 흙 치는 소리를 내나 하면 통통통 옹기 만드는 소리나 파란 불이 왔다 갔다하며 사금파리로 옹기 바닥을 고이는 소리를 딸그락 딸그락 내다가 인기척이 나면 금새 없어진다.

*거내꾼 : 흙을 다지고 질타래를 느리며 유액을 입히고 옹기대장의 뒷일을 하는 사람.

*깩끼질 : 옹기 만드는 흙에 모래를 고르기 위하여 흙칼로 다져놓은 질더미를 깎는 일.

송촌에 저문 황혼

송촌에 밝은 달도
기운 지 오래인데

오십천 갯가에는
들국화만 반겨 주고

스산한
가을 바람은
서글픔을 더하네

강안에 저 기러기
뉘를 찾아 가느냐

그 옛날 그리던 정
아스라한 꿈이어라

글쟁이
나그네 유랑
황혼녘에 눈물짓네.

* 1994.10 삼척시 근덕면 축현리 송촌을 지나다가

옛 성터

黃山伐 묻힌 歷史
百濟의 충혼이여

錦江에 잠긴 달빛
삼천궁녀 恨이련가

喜鵲아
너는 듣느냐
사비城의 痛哭을

* 1980.05 부여에서

이상기류

대원군 당백전(當白錢) 역사(歷史)
사립문에 바람일고

귤나무 탱자 접목(接木)
민초들의 불안한 가슴

거울에
비친 목탁 소리
어둡기만 하여라.

예술의 승화

까아만 우주에는
별빛이 반짝이고

네모진 지구 안에
햇빛이 가득하다

하이얀
구름 걷힌 바닥에는
실낙원에 버려진 유혹

에덴동산 두 봉우리
펼쳐 내린 끝자락에

무성하게 우거진 숲속
질퍽한 절벽의 습곡은

태초에
창조된 예술
아담의 몫이었다.

진달래

팽팽이 부풀어
터질 듯한 젖가슴

입술처럼 빠알간 유두
살며시 열어주고

첫사랑
꽃나비 불러
불태우는 활화산

* 2002.04.27 화양동에서

제16대 국회의원 선거

선거 능선 깃발 꽂에 먹자판 살판났네
牽强附會 말씨름 불도저 만들어 주오
저지선 만들어 주오
돈 봉투 선물가방

自由인가 방종인가
혼란스런 유권자들

애향심 지역감정
앞뒤 없는 동전양면

開函은
泰山鳴動鼠一匹
지역 나눈 담벽 일러라

* 2000.04.13. 관망대

* 牽强附會 : 이론이나 이유를 자기편에 유리하게 갖다 붙임.
* 泰山鳴動鼠一匹 : 태산이 울리도록 요란했지만 나온 것은 쥐 한 마리

첫 여름

落照는 능선 위에
피곤한 몸 가로 눕고

풀은 머리 수양버들
湖水에 잠겼는데

바람은
수면 위에서
춤사위를 벌린다

사공 없는 나룻배
한가로이 일렁이고

버려진 사랑 노래
저 물결에 이는 그리움

빈 하늘
메아리지는
나그네 숨이 차다

탈

동공에 비친 황홀
오로라의 얼음기둥

너털웃음 가면 탈은
흐느끼는 속울음

막 내린
무대의 휘장 넘어
귀의 하는 자비의 품

하나만 아는 바보

三十年 긴긴 세월
추억은 아득한데

현해탄 넘나드는
가슴 시린 은빛 날개

이국에
맺어진 인연
장벽은 높았어라

나고야(名古屋)에 피던 장미
유리창에 그려보며

이슬 젖는 눈시울
추억 한줌 망각한줌

허공에
뿌린 그리움
시(詩)가 되어 내리네

* 1996.09.23 港都 부산에서

호랑나비

저녁 햇살 지친 날개
쉴 곳 찾는 호랑나비

손짓하는
꽃가지에 빠알간
석류 하나

허기진
목마름의 여정
날개 접고 앉았다

밤이슬 달빛 아래
찾아드는 낯선 풍경

바람결에
실려오는 무화과 향기 찾아

머문 길
새벽을 털고
비상하는 호랑나비

할머니의 자장가

여름 밤 달빛 아래
모깃불 피워놓고

할머니 무릎베개
단잠 들던 개구쟁이

지금은
누구 무릎에
자장가로 꿈을 여나

인자하신 그 모습
눈앞에 아른아른

눈물진 팔벼개에
옷 소매 젖어 들고

귓전에
들려 오는 듯
할머니의 자장가

하아얀 밤

글 구절 마디마디
애상에
젖었어라

그리움에 사모친 정
이역 땅
님 그리며

하얀 밤
사이버 스페이스
밤을 걷는
여인아.

* 1996.09.28 사이버 화답시

祖國의 山河

찢겨진 벌거숭이
오물에
쌓인 대지

반만년 지켜온
백두대간
錦
　繡
　　江
　　　山

머슴들
票밭 農事에
폐허되는
조국이여.

　　　　　　　　　　* 1999.09

靑木 이상덕
― 생신을 축하하며

李花는 달빛을
벗 삼아 詩를 읊고

靑玉碧 푸른 솔은
「가람」을 안고 가니

木尺橋
묻혀간 歷史
겨레시로 꽃 피우네

* 靑木 - 이상덕 시인 "아호"
* 가람 - 가람문학회

同床異夢

앞서 가고 뒤따르고
평행선의 길동무

가는 길은 한 방향
목적지는 달랐다

철새는
구름을 가고
텃새는 들을 간다

기러기 물을 찾고
텃새는 방앗간을

산은 물을 못 건너고
물도 산을 못 넘으니

멈춰선
여정의 십자로
주사위를 던진다

* 2002.06.02 화합 할 수 없는 이념 사상

4부

평행선의 길벗

가을(風景)

볏짚 깔린 비인 들녘
바람이 뛰어 놀고

만자홍엽 불 타는 산
석양에 저무는데

茶盞에
핀 국화향은
너와 나의 對話였다

구원의 등불

베들레헴 예수성탄
영광에 가득 차고

구유에 누워 계신
하느님의
독생자

헐벗고
굶주린 자들
더 한번
살피소서.

* 성탄의 영광을 같이하며 1999

나그네

날이 가고 달이 가고
오늘도
또
하루

열두 줄 선율 위에
동그라미
그리다가

잔 속에
담아온 여정(旅程)
등잔불이 그립다.

달

湖水에 잠긴 달
盞으로 떠냈더니

잔 속에 앉았는데
湖水에 누워 있고

밤 새워
떠내고 떠내 봐도
달은 건지지 못했다

대나무

잡초도 안 닮았고
나무도 못 되는

속내마저 텅텅비어
빈 곧음 허명안고

허공에
지는 메아리
가슴 속에 젖는다

뜬구름

바람은 같이 있어도
그 얼굴 볼 수 없어

유랑
만리
나그네 길
지친 걸음 쉬어가고파

청산에
바위 불러다
감발 푸는
雲
岩
亭

말복날

늙은 여름 말복은
입추 앞에 석별 눈물

인삼은 찹쌀에 묻혀
영계 뱃속에 익어가고

삽살개
그늘 아래서
엎드려 낮잠 잔다

베적삼 땀에 젖은
농부의 막걸리 잔

삼계탕 뱃살 채우고
뱃대지 부른 돼지들

낯선 집
추마 밑으로
교미할 곳 찾아 간다

빈 가슴

아름다운 현실은
미래의 슬픈 약속

추억 묻은 남한강
갈대잎만 흩날리고

빈 가슴
채울 곳 없어
허공안고 걷는 노을

* 2001.12.20

보고 싶었다

길 가다 길 가다가
발걸음 멈춰선 곳

아득히 먼~ 기억,
문패가 걸려 있다

"미안해."
돌아서는 등 뒤에서
"여보세요! 잠깐만요."

강산이 두 번 변한
여정에 묻은 흔적

피할 수 없는 인연은
하늘의 뜻이던가!

말없이
서 있는 여인의
이슬 맺힌 눈시울,

* 2012.05.13

빈자리

옛 꿈이 그리워서
목로집 찾아드니

쓸쓸히 놓인 술상
눈시울 이슬 맺고

오늘은
누구와 벗해
빈 술잔을 채우나

부채

죽어진 몸이건만
자란 정 못 잊어서

지육(紙肉) 죽골(竹骨) 한몸 되어
백년가약 맺었어라.

그 몸에
낳은 자식은
살아 있는 바람이네.

손

오월의 푸르름에
장미꽃 움켜진 손

소녀야 분결 같은
네 고운 손 나는 미웠고

흙먼지
누덕져 멍울진 손 나는 좋더라

부모님 시중 들며
남편의 뒷바라지

꾸러기 자식들의
행복을 빌어 주며

묵묵히
자리 지키는 눈물 한줌 아내 손.

새 千年 韓國

새 千年 東이 튼다
포효하는
猛虎의 땅!

서울 평양 한 胎줄
統一의 하이웨이

우리는
다시 飛上한다
地球村의 龍으로…

* 2000년의 문을 열며

영낭 속의 낙서장

선술집 술잔 속에
떠오르는 님의 얼굴

먼 하늘 뜬 구름 잡고
고향소식 물어본다

낯선 창
만리장성 사연
풋 사랑 눈물 한점

* 1971.09.16 남원에서

유성온천의 밤

어둠을 불사르는
네온 숲 유성의 밤

고급 양주 있어요
예쁜 무희 있어요

빠알간
불빛 깜박깜박
윙크하는 유혹의 덫

아쉬움이 남은 꿈

가슴 죄이는 심근통증
이승 저승의 갈림 길에

잔디 밭 호숫가에
백마 고삐 잡고

방긋이
웃는 흰 드레스 여인
같이 타고 걸었다

호숫가에 핀 창포 꽃
아름다운 꽃들의 향연

말을 타고 강 건너다 텀벙!
놀라서 깬 아쉬운 꿈

링거 낀
손 꼬옥 쥐고
엎드려 잠든 가녀린 얼굴

* 2012. 歲暮의 病室에서

*불나비 : 불나방과에 속하는 火蛾, 火蝶

* 시작 노트
深谷으로 들기 전에 지난날의 발자국을 더듬어보고 싶어 同行하여 古宮 구경도 하고 옛날 경영하던 出版社 자리며 이곳저곳 둘러보고 乙支路 거리를 걷다가 급작스레 흉통으로 주저앉아 의식을 잃었다.

날씨가 추울 때는 심근경색이 한번 씩 말썽이다. 아쉬운 꿈에서 깨어나니 팔에는 링거가 꽂혀 있고 고생을 자처하고 불나비처럼 찾아들은 철없는 天使가 내 손을 꼭 쥐고 병상에 엎드려 엷은 잠에 취해 있다.

간병인(?) 얼마나 지쳤는지 손질도 못한 긴 웨이브머리가 얼굴을 덮고 있는 야윈 모습이 안쓰럽고 미안하기만 했다.

인생선

갖인 것도 갖일 것도
남은 것도 남을 것도

바란 것도 바랄 것도
줄 것도 없는 나그네

감발한
옷 자락 섶에
스쳐가는 인연들!

잊혀진 얼굴

그 옛날 죽고 못 살
엄살 맞은 사랑 노래

빛 바랜 울음일랑
이제는 잊고 살자

녹슨 꿈
세월에 묶어
흘러간 지 오래러라

영원히 같이 걷자
모래 위에 새긴 글자

너와 나의 발자국도
파도에 쓸려 갔고

이제는
망각의 뒤안길
한 조각의 꿈이어라

평행선의 길벗

한가위 마을행사 신파극 가설무대
흘러간 어린 역사 아스라한 기억들
징소리
막 내린 수줍음
퇴색한 사진 한 장

달빛 졸던 섬바위 꿈
풀지 못한 수수께끼는

역마에 노을지는
평행선의 그리움

못 다한
이야길랑은
가슴에 묻고 가자.

* 한가위 섬돌에서 1999.09.23

甲午年 年頭詩

甲午의 밝은 해
龍馬의 푸른 기상

利敵者들 쓸어내어
도약하는 대한민국

第2의
漢江의 奇蹟
地球村을 빛내리

* 甲午年 元旦(새해 아침)

上林에서

위천수 은물결에
부서지는 달빛 조각

咸化樓 누각 아래
고향 잃은 낙엽들

大關林
녹스는 추억
찬 이슬에 젖는다

* 大關林 - 상림의 옛이름

條件 結婚
－政治版의 九九法

가시는 길 흔적마다
上座郎君 시중들기
선비 고을 女人은
靑竹같은 지조라오

등(背) 돌린
新婚初 言約
봇짐 싸는 깊은 한숨

그네 줄 시계추 보면
님의 모습 스쳐가네
東班宅 西班宅
옮겨가며 섬기다가

姉妹들
뒷모습 보며
歎息하는 미련이여

* 2000.04.13 지조 없는 충청도당 높은 분을 보면서

檀君陵

東明王陵 檀君陵보며 史學者들 장군 멍군

잊혀진 자국 보면 알짜배기 東明王의 眞珠陵은 崩頹되어 平地되도 修築하는 이 하나 없고 大朴山의 檀君陵만 (1933.12.18) 地方有志들이 修築誠金 모았단다.

곰이 사람으로 化身한 麒麟窟과 朝天石! 檀君이 天降했다는 妙香山과 羅井林間의 新羅建國이나 龜旨峰에 알 여섯 개가 내려와 6가야국을 이룬 傳說들…

民族의 아름다운 神話 傳說로 足하리라.

　　　　　　　　＊ 2000.07.30 曲尺으로 創造되는 歷史를 보면서

＊ 문헌 : 조선일보 1933.12.18., 1934.1.15.字 社說.

詩가 머문 국수집

바람 따라 딛는 자욱
유년은 화폭에 남고

세월의 유산인가
낯설은 아파트 숲들

계명산
국수 한 그릇
女流詩人 밝은 미소

* 충주 강 시인의 국수집에서

旅程에 핀 因緣

장삼에 고깔쓰고
백팔번뇌 염주알

법당에 꿇어 앉아
하얀 밤
목탁소리

아린 정
사바의 번뇌
씻을 날은 언제려나.

보살님 계시 꿈이야기에
가슴저민 나그네!

흰눈 밟고 따라간 迎月
화선지에 핀 목련이여

車안의
스친 인연은
前生의 業報러라.

義岩에 핀 꽃

촉석루 단애 아래
쪽빛 파란 南江물

적장 안고 落花한
論介의 忠義節介

의암에
새긴 거룩한 충혼
역사 속에 꽃 핀다

義岩 : 어미바위(옛 이름)

水蓮花

水深 속
깊은 사연
낙엽은 알런가

蓮꽃은
노을에 저
일렁이는 춤사위

花心에
머물던 그리움
찬서리에 젖는다.

재회(2)

짧게 흘러가는 겨울 햇살의 오후
조용 조용 들려오는 이곳 저곳의 속삭임

마주앉아 차 한 잔 놓고
가둬 둔 이야기 풀어놓으며

가슴에 묻은 그리움은
마음으로 오고 간다

어차피 태양에 맡기지 못할 언어들

그저
그런대로 세월에 묻어 흘러가라고

영혼의 옷이야 누구 것이건 상관인가
영혼에 간직된 숭고한 그리움만이…

〈자유시〉

고향의 그림자

가래소 가랫여울 노 저어 가던
뗏목배!

짖궂은 동무들
"돼지울 지어라-" 소리치면
뗏 사공 악담하는 고함소리
메아리 지던 나룻터
목시울

아지랑이 봄 볕 아래 나풀나풀
나비떼

"자야는 내꺼다"
"순이는 내꺼다"
지게 목발 장단치며 흥얼흥얼
콧노래

나물캐는 처녀머리 빨강 갑사댕기
꽃다지 냉이 가시씀배 보리아재비
"고향의 내음"

개나리꽃 호장저고리
진달래꽃 꼬리치마 휘날리던
"고향의 꿈"

마당바우 노적바우 멱 감던
풋고추 그리운 얼굴들
두고온 세월 한켠
"고향의 그림자"

개발의 녹슨 역사 텅비인 강변에는
메마른 갈대 잎만 바람결에 흩날린다

* 1996. 10. 20 남한강 용탄리 가랫여울에서

* 시 「고향의 그림자」 작품평설

이 시를 읽으면 잊혀진 옛 동무가 떠오른다. 자연 속에서 자유롭던 놀이와 정겹던 얼굴들, 이젠 다시 볼 수 없는 그리운 것들이다. '꽃다지 냉이 가시씀배 보리아재비'처럼 우리를 낳은 어머니의 냄새가 밴 고향이다. '멱 감던 마당바우 노적바우' 처럼 우리를 기른 아버지의 기운이 묻어 있는 고향이다.

〈고향의 그림자〉안에 뒤안 길을 돌아보는 노인의 눈이 있다. 오래된 고독과 그리움과 한이, 깊은 우물처럼 고인 눈이다. '텅 비인 강변에 메마른 갈대 잎만' 남겨진, 현실을 고발 하는 눈이다. 그립고 보곺은 고향을 모두 앗아간 것이, 개발이란 녹슨 역사임을 증언하는 눈이다. 그 깊은 눈으로 부터 맑디맑고도 아름다운 슬픔이 흠뻑 젖어드는 시다.

작가 안학수 (대전 · 충남 시선 제2집)

■ 장춘득의 강의 노트

1. 한국문학(韓國文學)

개요
상고시대부터 현대에 이르기까지 한국에서 발생한 문학작품.

내용
　한국 민족은 역사적으로 역경과 고난을 뚫고 살아왔으며, 그만큼 문학에도 그런 시련을 끈질기게 견디고 줄기차게 생존 투쟁을 거듭해 온 민족의식이 그대로 반영되었다는 인상이 짙다. 또한 동양적인 윤리관(倫理觀)이 지배하는 전통적인 사회성향(社會性向)으로 한국의 문학에는 동적(動的)이고 전향적(前向的)인 경향보다는 회고주의(懷古主義)나 과거 중심적인 사고방식이 투영되어 있다는 점도 부인할 수 없다. 그러나 거시적인 안목으로 한국문학을 개관할 때 원시시대에서 오늘에 이르기까지 그 장구한 길목마다 독자적인 전통의 바탕과 역사적 현실에 대한 독특한 창조의욕이 고갈되는 일 없이 면면(綿綿)히 이어져 내려옴을 보게 된다.

　한편, 한국 민족은 태고적부터 스스로의 사고와 감정을 나타내는 고유의 언어를 가지고 있었으나, 그것을 표기하는 고유의 문자를 가지게 된 것은 훨씬 후대에 이르러서였다. 즉, 조선시대 초기에 훈민정음(訓民正音)이 창제되기까지는 음운(音韻)과 문법체계를 달리하는 중국의 문자인 한자의 음과 뜻을 빌려서 표현해야만 되었다. 그것이 곧 삼국시대에 이미 이루어진 향찰(鄕札) 또는 이두(吏讀)이지만, 이와는 달리 중국의 전통적인 한문체(漢文體)에 의한 문학활동도 매우 왕성하여 이는 한글이 출현한 후에도 끊이지 않고 대략 20세기 초까지 계속되었다.

일반적으로 한국문학의 시대구분 방법은 역대 왕조의 변천사에 따르는 것이 보통이므로, 고구려·백제·신라의 3국이 성립하기까지의 문학을 '상고시대의 문학', 그 3국이 정립하던 시대의 문학을 '삼국시대의 문학', 신라가 3국 통일을 이룩하고 그 멸망에 이르기까지의 문학을 '통일신라시대의 문학', 고려가 창건되고 그 멸망에 이르기까지의 문학을 '고려시대의 문학', 그리고 조선이 건국된 후 임진왜란기까지의 문학을 '조선 전기문학', 그 이후 갑오개혁에 이르기까지의 문학을 '조선후기문학'이라 일컬으며, 이것을 모두 아울러 고전문학이라 한다. 그리고 이들 고전문학과 대조적인 개념을 가지는 새로운 문학, 곧 서구문학의 영향으로 발달한 문학을 신문학(新文學)이라 불러 2가지를 구분하였다.

2. 구비문학 (口碑文學, oral literature)

개요
말로 된 문학을 의미하며, 기록문학과 대비되는 말.

내용
구전문학(口傳文學)이라고도 한다. 구비와 구전은 대체로 같은 뜻으로서 구전은 '말로 전함'을 뜻하나, 구비는 '말로 된 비석', 즉 비석에 새긴 것처럼 유형화(類型化)되어 오랫동안 전승되어 온 말이라는 뜻이다. 구비문학을 유동문학(流動文學)·표박문학(漂剝文學)·적층문학(積層文學) 등으로 부르기도 하는데, 이러한 용어들은 계속 변하며, 그 변화가 누적되어 개별적인 작품이 존재하게 된다는 한 가지 특징을 지적하는 것으로서 구비문학을 대신할 수 있으나, 포괄적 의미로 쓰이기에는 부족하다.

구비문학을 민속학적 관점에서 다룬다면 민속문학이라는 용어가 타당하나 문학연구의 관점에서 다룬다면 민속문학이란 용어는 부당하다. 구비문학은 ① 말로 된 문학, ② 구연되는 문학, ③ 공동작의 문학, ④ 단순·보편의 문학, ⑤ 민중적·민족적 문학이라는 특징을 지닌다.

문학은 언어예술이다. 예술이란 점에서 문학은 음악이나

미술과 같으나 언어로 되어있다는 점에서 이들과 구별된다. 언어는 미술의 수단인 형태와 달리 시간적인 것이고, 음악의 수단인 음(音)과는 달리 의미를 지니는 것이다. 따라서 문학은 언어예술이며, 시간적인 의미예술이다. 구비문학이나 기록문학이나 언어예술, 곧 시간적인 의미예술이라는 점에서는 동일하다.

그러나 구비문학을 굳이 '말로 된 문학'이라고 하는 것은 말로 존재하고 말로 전달되고, 말로 전승된다는 점을 강조하기 위함이다. 구비문학은 말로 존재하기 때문에 시간적이고 일회적(一回的)이며, 그것이 거듭 말해지면 이미 다른 작품이 된다. 말로 전달되므로 말하는 사람과 듣는 사람이 대면할 수 있는 범위 안에서만 전달이 가능하며 대량생산은 원칙적으로 불가능하다. 말로 전승된다는 것은 말로 전해들은 내용이 기억되어 다시 말로 재연된다는 뜻이다. 따라서 구비문학 안에서는 그대로의 보존은 있을 수 없고 전승이 가능할 뿐이며, 이 전승은 반드시 변화를 내포한 보존이다.

구비문학을 말로 나타내려면 일정한 격식이 필요하다. 말하는 사람은 억양을 위시한 여러 가지 음성적 변화 및 표정과 몸짓을 사용하며, 그러기 위하여 구체적 상황이 요구된다. 어떤 상황 속에서 음성적 변화·표정·몸짓 등으로 문학작품을 말로 나타내는 것을 구연(口演 : oral presentation)

이라고 한다면, 구비문학은 반드시 구연되는 문학이다. 구비문학의 구연에서는 음성적 변화·표정·몸짓 등으로 일정한 구연방식을 이루고 있으며, 이들은 문학적 표현의 목적에 맞도록 조직되어 있다. 즉, 구연방식이나 구연상황이 구비문학의 종류나 장르에 따라 달라져 노래인 구연방식도 있고, 노래가 아닌 구연방식도 있으며, 특정한 구연상황을 필요로 하는 장르도 있고, 그렇지 않은 장르도 있다.

또한 같은 장르나 같은 유형(類型:type)의 구비문학이라 하더라도 구연자(口演者)에 따라, 또는 구연의 기회에 따라 구연방식이나 구연상황이 달라진다. 구비문학에서 구연은 단지 있는 것만의 전달이 아니고 창작이기도 하다. 즉, 구연자는 자기 나름대로의 개성이나 의식에 따라 보태고 고치는 작업을 하지만, 이러한 구연자의 창작은 공동적인 의식을 가지고 이루어진다. 따라서 서로 다른 구연자에 의해 이루어진 각편(各篇:version)들 사이에도 공통점이 존재한다. 개인에 의해 구연된 각편은 개인작이지만 그것은 공동의 관심을 반영하며 전승되는 유형에 맞춘 것이기 때문에 공통적 의식을 내포한 것이다. 또한 구연자는 다른 사람들에게 들은 바를 재현하기 때문에 구비문학은 더욱 공동작의 성격을 지닌다. 구비문학은 형식이나 내용이 단순하다. 설화와 소설, 가면극과 현대극, 민요와 현대시 등을 비교해 보면 구비문학은 문체·구성·인물·주제가 단순함을 알 수 있다. 구비문학은 말로 된 문학이므로, 단순하지 않고서는 기억되고 창작되기도 어렵고, 듣고 창작되기도 어렵다.

또한 구비문학은 공동의 관심을 만족시켜 준다는 점에서 보편성이 크다. 많은 구연·창작자들과 청자들의 공통된 욕구를 만족시켜 주기 위해서는 보편성이 필수적인 요건이 된다. 구비문학은 민중의 문학이다. 양반으로 이루어진 소수의 지배층, 또는 지식층을 제외하고 농민을 중심으로 하는 대다수의 민중은 생활을 통해서 구비문학을 창조하고 즐겨 왔다. 노동을 하면서 노동요(勞動謠)를 부르고, 세시풍속(歲時風俗)의 하나로서 가면극을 공연하며, 생활을 흥미롭고 윤택하게 하고자 여러 가지 민요도 부르고 설화도 이야기해 왔다. 구비문학은 종류나 장르에 따라 민중문학으로서의 구체적 성격이 다르다.

민속극은 민중만의 것으로 지배층에 대한 날카로운 비판으로 일관되어 있고, 민요도 민중 자신의 의식을 충실히 반영한다. 그러나 설화나 속담은 민중들만의 것으로 제한되지 않고 지배층이나 지식층이 모두 향유했던 문학이다. 이처럼 종류나 장르에 따라 민중의 범위가 축소되기도 하고 확대되기도 하지만 구비문학은 민중의 문학이란 근본성격을 지닌다. 또한 구비문학은 민족의 문학이다. 구비문학은 대다수 민중이 공유하고 있는 문학이므로 생활 및 의식공동체로서의 민족이 공유한 문학을 대표할 수 있다.

구비문학은 한 민족이 지닌 문학적 창조력의 바탕으로서, 여러 형태의 기록문학을 산출한 바탕으로서 작용해 왔다. 상층의 기록문학이 민족적 성격을 상실하고 다른 나라 문학에 예속되거나 추종할 때도 구비문학은 민족문학으로서 창조적 역할을 해왔다. 구비문학의 장르에 따라 민족적 성격은 차이가 있으나, 그 내용이 다른 민족과 공통된 것이든 자기 민족만의 것이든 구비문학이 민족의 생활과 더불어 발전되고 민족적 창조력의 바탕으로 작용해 왔다는 사실은 변함이 없다.

구비문학은 말로 된 문학이기 때문에 문학이 아닌 말은 제외되고, 말로 되지 않은 문학도 제외된다. 구비(口碑) 가운데 설화·민요·무가(巫歌)·판소리·민속극·속담·수수께끼는 문학이지만, 욕설·명명법(命名法)·금기어(禁忌語) 등은 문학이라 할 수 없다. 무가는 주술적인 목적에서 신을 향해 구연되지만 신이라고 설정된 대상은 결국 인간이 투영된 것이므로 그것은 인간적 감정의 표현으로 주술성과 함께 문학성을 지닌다. 속담은 지혜 또는 교훈의 비유적인 압축이므로 문학적 형상화의 한 예이다.

수수께끼는 말놀이이긴 하나 문학적 표현을 통해서만 성

립하므로, 문학의 영역에 포함된다. 구비문학은 말로 된 문학이지만, 실제 구연되는 것을 채록하여 기록한 것도 구비문학의 일시적 면모를 보여 주는 것이므로 구비문학에 포함된다. 그러나 구비문학 자료를 모태로 개작된 문학은 구비문학이 아니다. 문헌설화는 기재된 구비문학이지만 채록본(採錄本)과는 달리 구비문학의 특성이 결여된 화석화(化石化)한 구비문학이다. 이에 관한 연구는 기록문학에 관한 연구이며, 이들 자료도 구비문학에서 제외된다.

3. 고대의 시조

시조발생에 대하여는 학설이 구구하나, 그것은 신라 향가(鄕歌)에 접맥되어 싹틀 기미를 마련했고, 고려 중엽에는 고려 장가(長歌)가 분장(分章)되어 그 형식이 정제되었으며, 고려 말기는 3장 12구체의 정형시로 정형되었으리라 믿어진다. 현존하는 가장 오래된 작품으로는 고구려의 을파소(乙巴素), 백제의 성충(成忠), 고려 초기의 최충(崔只)등의 것이 있고, 고려말기의 우탁(禹倬)·이조년(李兆年), 방원(芳遠: 太宗)의《하여가(何如歌)》, 정몽주(鄭夢周)의《단심가(丹心歌)》등 10여 수가 남아 있다.

조선시대로 접어들면서 날로 계승·발전되어 송강(松江) 정철(鄭澈), 고산(孤山) 윤선도(尹善道), 노계(蘆溪) 박인로(朴仁老)등의 대가를 배출하였다. 조선 중기에는 황진이(黃眞伊)를 배출하여 시조의 난숙, 절정기를 이루었다. 양반들에 의해 지어진 종래의 단형(短型)시조가 임진왜란을 계기로 드러나기 시작한 산문정신에 힘입어 양반의 생활권을 넘어 평민계급으로 파급되면서 그 형식은 평시조의 소재이던 자연에서 눈을 돌려 실생활에서 소재를 구해 장형(長型)로 분파되었다.

조선 중기를 넘어서 시조가 양적으로는 늘어났으나 질적인 저조를 면하지 못하였다. 영정조(英正祖)시대에는 구전

되어 오던 시조의 일실(逸失)을 염려하여 편찬사업이 성행하였다. 1728년(영조 4) 김천택(金天澤)의 《청구영언(靑丘永言)》을 효시로, 63년(영조 39)에는 김수장(金壽長)의 《해동가요(海東歌謠)》, 1876년(고종 13)에 박효관(朴孝寬)과 안민영(安玟英)의 《가곡원류(歌曲源流)》, 그 밖에 《고금가곡(古今歌曲)》,《동가선(東歌選)》《남훈태평가(南薰太平歌)》《객악보(客樂譜)》등의 시조집들이 쏟아져 나왔음은 시조의 보존을 위한 쾌사였다. 조선 후기까지 시조 편수는 2,000여 수에 달하는 방대한 것으로 거기에 담긴 사상과 정서는 한국의 역사를 시간과 공간으로 그대로 꿰뚫어 모은 정신적 유산이라 할 수 있다.

〈박인로 朴仁老[1951~1642]〉
조선 중기의 무신, 시인(詩人).
본관 : 안동(安東)
호 : 노계(蘆溪)·무하옹(無何翁)
별창 : 자 덕옹(德翁)
활동분야 : 군사, 문학
출생지 : 경북 영천(永川)
주요저서 : 〈노계집(蘆溪集)〉, 〈태평사(太平詞)〉

내용
본관 안동(安東), 자 덕옹(德翁). 호 노계(蘆溪)·무하옹

(無何翁). 영천(永川) 출생. 승의부위(承義副尉) 석(碩)의 아들. 어려서부터 시재(詩才)에 뛰어났으며, 1592년(선조25) 임진왜란때 의병장 정세아(鄭世雅)의 막하에서 별시위(別侍衛)가 되어 무공을 세우고 수군절도사(水軍節度使) 성윤문(成允文)의 발탁으로 종군, 1598년 왜군(倭軍)이 퇴각하자 사졸(士卒)들의 노고를 위로하는 가사(歌辭)《태평사(太平詞)》를 지었다. 이듬해 무과에 급제하여 수문장(守門將)·선전관을 지내고 이어 조라포수군만호(助羅浦水軍萬戶)로 군비(軍備)를 증강하는 한편 선정(善政)을 베풀어 선정비가 세워졌다.

퇴관후 고향에 은거하며 독서와 시작(詩作)에 전념하여 많은 걸작을 남기고, 1630년(인조 8) 노령으로 용양위 부호군이 되었다. 도학(道學)과 애국심·자연애(自然愛)를 바탕으로 천재적 창작력을 발휘, 시정(詩情)과 우국(憂國)에 넘치는 작품을 썼으며 장가(長歌)로는 정철(鄭澈)을 계승하여 독특한 시풍(詩風)을 이룩하고 가사문학(歌辭文學) 발전에 크게 이바지하였다. 영천의 도계향사(道溪鄕祠)에 제향되었다. 문집(文集)에《노계집(蘆溪集)》, 작품에《태평사(太平詞)》《사제곡(莎堤曲)》《누항사(陋巷詞)》등이 있다.

〈윤선도 尹善道[1587~1671]〉
조선 중기의 문신·시인.
본관 : 해남(海南)

호 : 고산(孤山)·해옹(海翁)

별칭 : 자 약이(約而), 시호 충헌(忠憲)

활동분야 : 문학

주요저서 : 《고산유고(孤山遺稿)》

내용

본관 해남(海南). 자 약이(約而). 호 고산(孤山)·해옹(海翁). 시호 충헌(忠憲). 1612년(광해군 4) 진사가 되고, 1616년 성균관 유생으로 권신(權臣), 이이첨(李爾瞻)등의 횡포를 상소했다가 함경도 경원(慶源) 등지에 유배되었다. 1623년 인조반정(仁祖反正)으로 풀려나 의금부도사(義禁府都事)가 되었으나 곧 사직하고 낙향, 여러 관직에 임명된 것을 모두 사퇴했다. 1628년 별시문과(別試文科) 초시(初試)에 장원, 도(輔導)했다. 1629년 형조정랑(刑王子師傅)가 되어 봉림대군(鳳林大君:孝宗)을 보조정랑(輔曹正郎) 등을 거쳐 1632년 한성부서윤(漢城府庶尹)을 지내고 1633년 증광문과(增廣文科)에 급제, 문학(文學)에 올랐으나 모함을 받고 파직되었다. 1636년 병자호란(丙子胡亂) 때 왕을 호종하지 않았다 하여 영덕(盈德)에 유배되었다가 풀려나 은거했다.

1652년(효종 3) 왕명으로 복직, 예조참의 등에 이르렀으나 서인(西人)의 중상으로 사직했다가 1657년 중추부첨지사(中樞府僉知事)에 복직되었다. 1658년 동부승지(同副承旨) 때 남인(南人) 정개청(鄭介淸)의 서원(書院) 철폐를 놓고 서인 송시열(宋時烈) 등과 논쟁, 탄핵을 받고 삭직당했다. 1659년 남인의 거두로서 효종의 장지문제와 자의대비(慈懿大妃)의 복상문제(服喪問題)를 가지고 서인의 세력을 꺾으려다가 실패, 삼수(三水)에 유배당하였다. 치열한 당쟁으로 일생을 거의 벽지의 유배지에서 보냈으나 경사(經史)에 해박하고 의약·복서(卜筮)·음양·지리에도 통하였으며, 특히 시조(時調)에 더욱 뛰어났다. 그의 작품은 한국어에 새로운 뜻을 창조하였으며 시조는 정철(鄭澈)의 가사(歌辭)와 더불어 조선시가에서 쌍벽을 이루고 있다. 사후인 1675년(숙종 1) 남인의 집권으로 신원(伸寃)되어 이조판서가 추증되었다. 저서에 《고산유고(孤山遺稿)》가 있다.

〈을파소 乙巴素[?~203〉
고구려 재상.
활동분야 : 정치
출생지 : 압록곡 좌물촌

내용

압록곡(鴨綠谷) 좌물촌(左勿村) 출신. 191년(고국천왕 13) 안류(晏留)의 천거로 중외대부(中畏大夫)에 우태(于台)로 등용되었으나, 정사를 하기에는 부족한 벼슬이라고 사양하자 고국천왕이 국상(國相)으로 임명하였다. 신하들의 반대에도 불구하고 구국천왕의 신임을 받았으며, 정교(庭

教)·상벌(賞罰)을 명백히 하였다. 진대법(賑貸法)을 실시하는 등 태평성대를 이룩하였다.

〈정몽주 鄭夢周 [1337~1392]〉

고려 말기의 문신·학자.

본관 : 연일

호 : 포은

별칭 : 자 달, 초명 몽란·몽룡, 시호 문충

활동분야 : 정치·문학

출생지 : 경북 영천

주요저서 :《포은집》

내용

본관 연일(延日). 자 달가(達可). 호 포은(圃隱). 초명 몽란(夢蘭)·몽룡(夢龍). 시호 문충(文忠). 영천(永川)출생. 1357년(공민왕 6) 감시에 합격하고 1360년 문과에 장원, 예문검열(藝文檢閱)·수찬·위위시승(衛尉寺丞)을 지냈으며, 1363년 동북면도지휘사 한방신(韓邦信)의 종사관으로 여진족(女眞族) 토벌에 참가하고 1364년 전보도감판관(典寶都監判官)이 되었다.

이어 전농시승(典農寺丞)·예조정랑 겸 성균박사(禮曹正

郎兼成均박사)·성균사예(成均司藝)를 역임하고, 1371년 태상소경보문각응교 겸 성균직강(太常少卿寶文閣應教兼成均直講) 등을 거쳐 성균사성(成均司成)에 올랐으며, 이듬해 정사(正使) 홍사범(洪師範)의 서장관(書狀官)으로 명(明)나라에 다녀왔다. 1376년(우왕 2) 성균대사성(成均大司成)으로 이인임(李仁任) 등이 주장하는 배명친원(排明親元)의 외교방침을 반대하다 언양(彦陽)유배, 이듬해 풀려나와 사신으로 일본 규슈(九州)의 장관에게 왜구의 단속을 청하여 응낙을 얻고 잡혀간 고려인 수백 명을 귀국시켰다.

1379년 전공판서(典工判書)·진현관제학(進賢館提學)·예의판서(禮儀判書)·예문관제학·전법판서·판도판서를 역임, 이듬해 조전원수(助戰元帥)가 되어 이성계(李成桂) 휘하에서 왜구토벌에 참가하였다. 1383년 동북면조전원수로서 함경도에 침입한 왜구를 토벌, 다음해 정당문학(政堂文學)이 올라 성절사(聖節使)로 명나라에 가서 긴장상태에 있던 대명국교(對明國交)를 회복하는 데 공을 세웠다.

1386년 동지공거(同知貢擧)가 되고 이듬해 다시 명나라에 다녀온 뒤 수원군(水原君)에 책록되었다. 1389년(창왕 1) 예문관대제학·문하천성사가 되어 이성계와 함께 공양왕을 옹립하고, 1390년(공양왕 2) 벽상삼한삼중대광(壁上三韓三重大匡)·수문하시중(守門下侍中)·도평의사사병조상서시판사(都評議使司兵曹尙瑞寺判事)·경영전영사(景靈殿領

事)·우문관대제학(右文館大提學)·익양군충의백(益陽郡忠義伯)이 되었다. 이성계의 위망(威望)이 날로 높아지자 그를 추대하려는 음모가 있음을 알고 이성계 일파를 숙청할 기회를 엿보고 있었다.

1392년 명나라에서 돌아오는 세자를 마중 나갔던 이성계가 사냥하다가 말에서 떨어져 황주(黃州)에 드러눕자 그 기회에 이성계 일파를 제거하려 했으나 이를 눈치챈 방원(芳遠:太宗)의 기지로 실패, 이어 정세를 엿보려고 이성계를 찾아보고 귀가하던 도중 선죽교(善竹矯)에서 방원의 부하 조영규(趙英珪) 등에게 격살되었다.

의창(義倉)을 세워 빈민을 구제하고 유학을 보급하였으며, 성리학에 밝았다. 《주자가례(朱子家禮)》를 따라 사회윤리와 도덕의 합리화를 기하며 개성에 5부 학당(學堂)과 지방에 향교를 세워 교육진흥을 꾀하는 한편 《대명률(大明律)》을 참작, 《신율(新律)》을 간행하여 법질서의 확립을 기하고 외교와 군사면에도 깊이 관여하여 국운을 바로잡으려 했으나 신흥세력인 이성계 일파의 손에 최후를 맞이하였다. 시문에도 뛰어나 시조 〈단심가(丹心歌)〉 외에 많은 한시가 전해지며 서화에도 뛰어났다. 고려 삼은(三隱)의 한 사람으로 1401년(태종 1) 영의정에 추증되고 익양부원군(益陽府院君)에 추봉되었다. 중종 때 문묘(文廟)에 배향되었고 개성의 숭

양서원(崧陽書院) 등 11개 서원에 제향되었다. 문집에《포은집(圃隱集)》이 있다.

〈**최충 崔冲 [984~1068]**〉
고려의 문신.
본관 : 해주(海州)
호 : 성재(惺齋)·월포(月圃)·방회재(放晦齋)
별칭 : 자 호연(浩然), 시호 문헌(文憲)
활동분야 : 정치
주요저서 :《최문헌공유고(崔文憲公遺稿)》

내용
본관 해주(海州). 자 호연(浩然). 호 : 성재(惺齋)·월포(月圃)·방회재(放晦齋). 시호 문헌(文憲). 1005년(목종 8) 문과에 장원, 1011년(현종 2) 우습유(右拾遺)가 되었다. 1013년 국사수찬관(國史修撰官) 때 태조에서 목종까지의《칠대실록(七代實錄)》편찬에 참여했다. 1033년(덕종 2) 우산기상시(右散騎常侍) 등을 지내고 1037년(정종 3) 참지정사국사수찬관(參知政事國史修撰官) 때《현종실록(顯宗實錄)》편찬에 참여했다. 1041년 서북로병마판사(西北路兵馬判事)로 나가 영원(寧遠)·평로(平虜)에 진을 치고, 산성개수(山城改修)를 감독했다.

1047년(문종 1) 문하시중(門下侍中)으로서 법률관들에게
율령(律令)을 가르쳐 고려 형법의 기틀을 마련했으며, 1050년
서북면도병마사(西北面都兵馬使) 때 농번기(農繁期)의 공역
(工役) 금지와 국가 재정의 낭비를 막도록 상소하여 시행했
고, 동여진(東女眞)의 동태를 파악, 국방을 강화하는 등 업적
을 쌓고 1053년 궤장(机杖)을 하사 받았다.

　나이가 많다고 사직을 상주하자 만류 조서가 내려지고 추
충찬도협모동덕치리공신(推忠贊道協謨同德治理功臣)의 　호
와 개부의동삼사 수태사 겸 문하시중상주국치사(開府儀同三
司守太師兼門下侍中上柱國致仕)라는 훈작을 내렸고, 1055년
내사령(內史令)을 삼은 후 다시 추충찬도좌리 동덕홍문의유
보정강제공신(推忠贊道佐理同德弘文懿儒保定康濟功臣)이라
는 호를 내렸다. 벼슬에서 물러나 송악산(松岳山) 아래에 사
숙을 열고 많은 인재를 배출하여, 이를 문헌공도(文憲公徒)라
고 했는데, 12공도(公徒) 중의 하나이다. 문장과 글씨에 능하
여 해동공자(海東孔子)로 추앙받았다.

　처음에는 정종의 묘정(廟庭)에, 후에 선종의 묘정에 배향되
었고, 해주 문헌서원(文憲書院)에 제향되었다. 《귀법사제영
석각(歸法寺題詠石刻)》(개성)《거돈사원공국사승묘탑비(居頓
寺圓空國師勝妙塔碑)》(원주) 《홍경사개창비(弘慶寺開創碑)》
(직산) 등의 글씨가 남아 있고, 저서에 《최문헌공유고(崔文

憲公遺稿)》가 있다.

〈황진이 黃眞伊 [?~?]〉
조선시대의 시인·명기(名妓).
별칭 : 일명 진랑(眞娘), 기명(妓名) 명월(明月)
활동분야 : 예술
출생지 : 개성
주요작품 :《만월대 회고시》《박연폭포시》《봉별소양곡시》

내용

일명 진랑(眞娘), 기명(妓名) 명월(明月). 개성(開城) 출생. 중종 때 진사(進士)의 서녀(庶女)로 태어났으나, 사서삼경(四書三經)을 읽고 시(詩)·서(書)·음률(音律)에 뛰어났으며, 출중한 용모로 더욱 유명하였다. 15세 무렵에 동네 총각이 자기를 연모하다가 상사병(相思病)으로 죽자 기계(妓界)에 투신, 문인(文人)·석유(碩儒)들과 교유하며 탁월한 시재(詩才)와 용모로 그들을 매혹시켰다. 당시 10년 동안 수도(修道)에 정진하여 생불(生佛)이라 불리던 천마산(天馬山) 지족암(知足庵)의 지족선사(知足禪師)를 유혹하여 파계(破戒)시켰고, 당대의 대학자 서경덕(徐敬德)을 유혹하려 하였으나 실패한 뒤, 사제관계(師弟關係)를 맺었다.

당대의 일류 명사들과 정을 나누고 벽계수(碧溪守:서경덕을 은유로 표현한 詩語)와 깊은 애정을 나누며 난숙한 시작(詩作)을 통하여 독특한 애정관(愛情觀)을 표현했다. '동지달 기나긴 밤을 한허리를 둘에 내어' 는 그의 가장 대표적 시조이다. 서경덕·박연폭포(朴淵瀑布)와 함께 송도삼절(松都三絶)로 불렸다. 작품으로《만월대 회고시(滿月臺懷古詩)》《박연폭포시(朴淵瀑布詩)》《봉별소양곡시(奉別蘇陽谷詩)》《영초월시(영初月詩》 등이 있다.

〈정형시 定型詩(rhymed verse)〉

일정한 시적(詩的) 약속에 따라 구성된 시.

원래 시는 노래로 불리는 것으로, 무용이나 음악과 일체적인 것이어서 리듬이나 운율을 지니고 있었다. 19세기 이후, 자유시·산문시가 등장하면서부터 정형시라는 표현이 사용되기 시작하였으나, 이는 원래 일정한 수의 음보(音步)와 악센트, 소음절(小音節)로 이루어지는 시행(詩行)과 연구(聯句)를 반복하는 형식이었다.

유럽의 시는 음률과 압운의 기교가 점차 다양해지면서 수많은 정형을 발생시켰다. 고대 그리스의 호메로스는 헥사미터(hexameter:6步格)였으며, 단테의《신곡》은 테르차리마(terzarima:3韻句法)로 쓰였다. 프랑스 고전비극의 시형(詩型)은 알렉상드랭(alexandrin:6脚 12音節)이었고, 셰익스피어는 주로 블랭크 버스(blank-verse:弱强脚 5개로 이루어지는 無韻詩)로 그의 작품을 썼다. 남부 프랑스의 음유시인들에 의해서 발생한 발라드는 뒤에 샤를도를레앙이나 F.비용 등이 그것을 계승하였고, 이탈리아에서 비롯된 소네트의 시형은 단테, 페트라르카 이후 유럽 전역에 유행되었다.

중국에서는 당대(唐代)에 율시(律詩)·절구(絶句)의 시형이 완성되었는데, 여기에는 압운(押韻)과 평측(平仄) 등 엄격한 작시상(作詩上)의 규칙이 따랐다. 주대(周代)의 《시경(詩經)》 이래 자유로이 읊었던 고체시(古體詩)에 대하여 이것을 근체시(近體詩)라 일컬으며, 이백(李白)·왕유(王維)·두보(杜甫)등의 대시인이 배출되었다.

한국의 경우는 거의 자수율(字數律)에 지배되며, 조선시대의 시조를 비롯하여 개화기 이후의 창가·가요 등이 모두 정형시 유형에 속한다.

천상병 시인 미 발표작 '달빛' 공개

"봄이 오는 계절의 밤에/뜰에 나가 달빛에 젖는다/왜 그런지 섭섭하다/무엇을 해야 할지 모르겠다(후략)"

28일로 10주기를 맞는 '귀천(歸天)'의 시인 천상병(1930-93)의 미발표작 '달빛' 이 발굴됐다. 부인 목순옥(65)씨가 집안 살림을 정리하다가 최근 발견한 이 시는 그가 병원에 입원하기 직전인 1987년 말에 지은 작품이다.

천 시인은 이 시에서 삶이 얼마 남지 않았음을 불안한 마음으로 예감하고 있음을 느끼게 한다. 그는 "밤은 깊어만 가고/달빛은 더욱 교교하다/일생동안 시만 쓰다가/언제까지 갈건가/나는 도저히 모르겠다"고 적었다.

그는 이어 "좋은 일도 있었고/나쁜 일도 있었으니/어쩌면 나는 시인으로서는/제로가 아닌가 싶다/그래서는 안되는데"라고 회한을 나타내면서도 "돌아가신 부모님들은/지금 무엇을 하고 있는가//양지는 없고"라고 삶의 근원에 대한 그리움을 표시했다.

이 작품은 이승의 삶을 돌아보며 저승을 넘본다는 점에서 대표작 '귀천'과 더불어 쌍을 이루는 절명시(絶命詩)로 평가된다.

서울 관훈동에 카페 '귀천'을 20년 가까이 운영해오고 있는 목씨는 '천상병 기념관'을 인사동 거리에 있는 자신 소유의 한옥을 개조해 만들어 천 시인의 유품과 사진 등을 전시한다. 그의 10주기 행사는 21일부터 6월 말까지 경기도 의정부 예술의 전당 등 국내외에서 다채롭게 열릴 예정이다.

〈문헌〉 노재헌 사이버에서 발췌한 작품으로 저자 생략

옹기대장(甕器大匠)
장춘득 시조집

발 행 일	2018년 12월 31일
지 은 이	장춘득
발 행 인	李憲錫
발 행 처	오늘의문학사
출판등록	제55호(1993년 6월 23일)
주 소	대전광역시 동구 대전로867번길 52(한밭오피스텔 401호)
전화번호	(042)624-2980
팩시밀리	(042)628-2983
전자우편	hs2980@hanmail.net
다음카페	cafe.daum.net/gljang 문학사랑 글짱들
다음카페	cafe.daum.net/art-i-ma 아트매거진(아띠마)

공 급 처	한국출판협동조합
주문전화	(070)7119-1752
팩시밀리	(031)944-8234~6

ISBN 978-89-5669-974-5
값 9,000원

ⓒ장춘득. 2018

* 이 책은 교보문고에서 E-Book(전자책)으로 제작하여 판매합니다.
* 잘못 제작된 책은 바꾸어 드립니다.
* 이 책은 대전문화재단 과 대전광역시 에서 사업비 일부를 지원받았습니다.